Filosofia da ciência

Coleção **PASSO-A-PASSO**

CIÊNCIAS SOCIAIS PASSO-A-PASSO
Direção: Celso Castro

FILOSOFIA PASSO-A-PASSO
Direção: Denis L. Rosenfield

PSICANÁLISE PASSO-A-PASSO
Direção: Marco Antonio Coutinho Jorge

Ver lista de títulos no final do volume

Alberto Oliva

Filosofia da ciência

ZAHAR

Grafia atualizada segundo o Acordo Ortográfico da Língua Portuguesa de 1990, que entrou em vigor no Brasil em 2009.

Capa
Sérgio Campante

CIP-Brasil. Catalogação na fonte
Sindicato Nacional dos Editores de Livros, RJ

Oliva, Alberto, 1950-
O41f Filosofia da ciência / Alberto Oliva. — 1ª ed. — Rio de Janeiro: Zahar, 2003.
(Passo-a-passo; 31)

Inclui bibliografia
ISBN 978-85-7110-745-8

1. Ciência – Filosofia. I. Título. II. Série.

CDD: 501
10-1305 CDU: 501

EDITORA SCHWARCZ S.A.
Praça Floriano, 19, sala 3001 — Cinelândia
20031-050 — Rio de Janeiro — RJ
Telefone: (21) 3993-7510
www.companhiadasletras.com.br
www.blogdacompanhia.com.br
facebook.com/editorazahar
instagram.com/editorazahar
twitter.com/editorazahar

FSC
www.fsc.org
MISTO
Apoiando o manejo florestal responsável
FSC® C128038

A marca FSC® é a garantia de que a madeira utilizada na fabricação do papel deste livro provém de florestas que foram gerenciadas de maneira ambientalmente correta, socialmente justa e economicamente viável, além de outras fontes de origem controlada.

Esta obra foi composta por TopTextos Edições Gráficas em Minion e Frutiger e impressa em processo sob demanda pela Um Livro sobre papel offset para a Editora Schwarcz a partir de 2024

Sumário

Toda a vida é solução de problemas.
Karl Popper

Explicar, *explicare*, é despojar a realidade das aparências que a envolvem como véus a fim de que se possa vê-la nua e face a face.
Pierre Duhem

O primeiro motor do conhecimento

Na aurora de sua história letrada, o homem se maravilha diante do espetáculo do mundo — grandioso, assustador e ameaçador. O encantamento intelectual e a desproteção física o impelem a tentar compreender a Grande Realidade. A busca de conhecimento está, desde o início, associada à necessidade de saciar a curiosidade intelectual e à de ter algum tipo de controle sobre a ambiência. Fosse o mundo um paraíso, talvez o homem não tivesse se deparado com a urgência de trilhar a pedregosa e incerta estrada do conhecimento. Talvez pudesse ter se entregado exclusivamente ao prazer de usufruí-lo. Mas desde tempos imemoriais o homem se vê confrontado com desafios que põem em risco sua própria sobrevivência. Aos poucos foi desenvolvendo a capacidade de dar respostas inteligentes aos problemas. E tal evolução intelectual culminou com a busca sistemática de conhecimento.

Só muito recentemente a aventura humana começou a produzir os saberes aplicados que tantos benefícios têm proporcionado aos indivíduos e às comunidades. E esse grande salto só se tornou possível quando o homem, superando a fase do "pensamento mágico", passou a elaborar explicações que se dedicavam a apreender a racionalidade intrínseca aos fenômenos. Com o tempo, o saber deixou de ser apenas uma forma de poder social — baseado no papel dos mitos, das religiões e das filosofias na representação das relações sociais — e se transformou também numa forma de poder sobre a natureza.

A ciência moderna procura promover a aliança da explicação com a *dominação*. A efetiva explicação dos fenômenos propicia ao homem, como se começou a apregoar a partir de Francis Bacon, conquistar poder sobre eles. Torna-se, por isso, arma fundamental no enfrentamento das forças cegas da natureza, que põem em risco a sobrevivência. Diferentemente das explicações científicas, as da religião e da filosofia não possuem a capacidade de transformar o mundo. Quando muito, conseguem gerar, nas pessoas que adotam suas visões de mundo, atitudes e comportamentos. São também, junto com a arte, formas de *dar sentido* aos fatos naturais e aos fenômenos psicossociais. As diferenças fundamentais entre filosofia e ciência decorrem dos distintos "métodos" que utilizam com o intuito de explicar o que se passa na natureza e na sociedade.

O valor das obras de arte costuma ser aferido, entre outros quesitos, pelo poder que têm de se eternizar. O valor estético costuma ser medido pela capacidade de as obras sobreviverem ao tempo e se colocarem acima das diferenças histórico-culturais. Impressionam o encanto e a emoção que, por exemplo, o *Édipo-Rei* de Sófocles exerce sobre as pessoas de diferentes épocas e culturas. Na ciência, uma teoria só sobrevive, só é aceita, enquanto não surge alguma evidência empírica capaz de desmenti-la ou uma outra teoria capaz de vantajosamente substituí-la. A longevidade em ciência indica apenas que determinadas teorias têm demonstrado inequívoca capacidade de superar testes. Mas, como em etapas posteriores da pesquisa uma teoria pode vir a ser suplantada ou condenada pelo "tribunal dos fatos", a aceitação deve ser cautelosa. Mesmo o resultado mais consolidado não deve merecer um endosso definitivo.

Obstáculos ao conhecimento

Desde Sócrates empregam-se técnicas de demolição de falsas crenças e de desnudamento de formas viciosas e falaciosas de raciocínio. Antes de ter início o processo de busca de conhecimento, o filósofo e o cientista devem procurar identificar os possíveis entraves ao sucesso de seus empreendimentos. O simples ato de observar o que se passa no mundo circundante pode estar manchado por visões preconcebidas. A construção do discurso pode se tornar presa fácil de armadilhas lógicas. A formulação de conceitos pode ser mal feita se cercada de imprecisão e vaguidade. Até o estudioso preocupado em realizar a mais rigorosa investigação está sujeito a distorcer fatos, a forçar o enquadramento dos dados na moldura teórica com a qual trabalha e a elaborar análises e interpretações inconsistentes. Francis Bacon acreditava que, com o afastamento liminar dos *idola*, dos preconceitos, seria possível realizar a observação pura e neutra, a única capaz de propiciar a efetiva explicação dos fenômenos.

Há atitudes que manifestamente inviabilizam a conquista do conhecimento. Entre elas merecem destaque: a antecipação que prevalece sobre a observação; os interesses e as predisposições que tentam fazer passar por conceito o que não passa de preconceito; a reiteração passiva do que a tradição toma como sabido; o fascínio pela autoridade intelectual em detrimento da argumentação impessoal; o encantamento pela retórica às expensas da demonstração lógica e da comprovação empírica; a tendência a tomar como certo e estabelecido o que, na melhor das hipóteses, é apenas provável; a subordinação da razão à fé; o uso descuidado da linguagem.

De um ponto de vista mais técnico, a falta de rigor no levantamento de dados, a análise e interpretação malfeitas dos fatos e o mau uso de metodologias confiáveis impedem a geração de conhecimento. Ressalte-se ainda que o "Leito de Procusto" — a tentativa de forçar o enquadramento das informações nas bitolas da interpretação que se *deseja* que seja a certa — é prática comum em áreas da pesquisa mais fortemente marcadas pela presença de ingredientes ideológicos ou pela expressão de interesses conflitantes.

O que é conhecimento?

A questão da gênese diz respeito a onde buscar o conhecimento. Muito se tem discutido sobre a existência de fontes ideais de conhecimento. Deveria a experiência ser privilegiada, ou a razão? Como uma concepção de método científico se escora numa filosofia da ciência e esta numa teoria do conhecimento, essa pergunta tem dado origem a intermináveis polêmicas que se espraiam da teoria do conhecimento para a filosofia da ciência. De Platão a Bertrand Russell tem prevalecido a definição de conhecimento como crença verdadeira justificada. No extremo oposto, alguns autores chegaram a conceber conhecimento como crença social legitimada.

O século XX assistiu a um amplo questionamento do velho ideal da *episteme* traduzido como a busca do conhecimento certo e definitivo. O justificacionismo, enquanto crença na conquista do conhecimento *provado*, foi deixando de ser respaldado pelos avanços da ciência. Com isso, foi ganhando força o [falibilismo] com sua tese de que as teorias, por serem falíveis e sujeitas a desmentidos futuros, merecem endosso apenas provisório. O questionamento permanente, posto em prática pelo cientista, evita que ele mergulhe em crises de desconfiança absoluta em relação aos procedimentos metodológicos que emprega e aos resultados que alcança. Como tudo é o tempo todo submetido a escrutínio crítico, o cientista também encontra diminuto espaço para defender dogmaticamente qualquer suposta verdade. A diuturna avaliação dos resultados alcançados pode ser vista como o mais importante traço distintivo do espírito científico. A credibilidade especial das teorias científicas resulta de seus constituintes lógico-empíricos poderem ser implacavelmente dissecados pela comunidade de especialistas.

O que conhecemos? Os debates se arrastam ao longo dos séculos com alguns teóricos defendendo a tese de que só é cognoscível o que se oferece à observação como fato, ao passo que outros são de opinião que o conhecimento se estende a tudo o que é passível de explicação por meio da razão. Não é fácil determinar a extensão do conhecimento humano. A impressão mais forte é a de que se sabe muito pouca coisa em relação ao que se desconhece. É que se está ainda longe de um critério universalmente aceito que permita, para cada caso particular, definir se algo é *de jure* conhecimento e não uma mera opinião. É claro que *de facto* as elites de pesquisadores estão a todo instante classificando e hierarquizando a produção científica. Não há, em termos epistemológicos, consenso quanto aos critérios ou padrões que devem ser adotados para que se possa especificar o que é conhecimento: pode-se justificar uma ação invocando determinados padrões morais. Uma decisão, indicando os fins perseguidos. Com relação ao conhecimento, a justificação de uma teoria depende de sua consistência lógica e de sua fundamentação empírica. Diga-me o método que empregas e te direi o tipo de credibilidade epistêmica que pode ser alcançada pelos resultados que obténs.

A análise semiótica da linguagem científica

Uma teoria completa da linguagem envolve três níveis: sintaxe, semântica e pragmática.

1. A sintaxe concerne às relações subsistentes entre os signos sem que se leve em consideração a que se referem, em que contexto e por quem são empregados. As regras de formação definem que combinações entre os signos são aceitáveis e as suas regras de transformação, que enunciado pode ser derivado de outro(s). Representa a *forma do discurso*.

2. A semântica diz respeito às relações entre linguagem e realidade, palavras e objetos, enunciados e estados de coisas. A regra semântica especifica sob que condições um signo é aplicável a um objeto ou situação. Seu problema central é a verdade. Representa o *conteúdo do discurso*.

3. A pragmática se refere aos aspectos bióticos da comunicação, aos fenômenos biológicos, psicológicos e sociais que acompanham a utilização dos signos. As relações dos signos com seus usuários: quem diz o que, como, quando e com que finalidade. A estrutura linguística é, nesse caso, encarada como um sistema de comportamento. Representa o *contexto do discurso*.

Muito contribui para a elucidação da racionalidade científica dissecá-la em termos dos componentes sintáticos, semânticos e pragmáticos. O discurso científico bem construído, sobretudo quando tem pretensões cognitivas, deve ser: 1) formalmente impecável (requisito sintático); 2) referir-se de maneira unívoca a estados da realidade (requisito semântico). Só assim pode se habilitar a 3) convencer (requisito pragmático) a comunidade de pesquisadores do valor explicativo das teses defendidas.

Como estudar a ciência. A *filosofia da ciência* (metaciência) tem se voltado predominantemente para a confecção de uma lógica da pesquisa. Devota-se na maioria de seus estudos à análise dos constituintes sintático-semânticos — lógicos e empíricos — da racionalidade científica. Quando de orientação descritiva, como a de Thomas Kuhn, procura mostrar como a ciência é *de facto* produzida. Quando prescritiva, como a de Karl Popper, ambiciona recomendar procedimentos metodológicos supostamente superiores aos que vêm sendo empregados pelos cientistas.

A *história da ciência* tem sido objeto de enfoques internalistas e externalistas. Os primeiros elaboram uma reconstrução da ciência na qual sua história se confunde com um processo de (re)formulação de conceitos. Ficam presos aos componentes sintático-semânticos da linguagem científica. Já os externalistas fazem da ciência simples parte da história da sociedade em geral. Tendem a vê-la como um fenômeno social igual a qualquer outro e não como a expressão superior da racionalidade. O cognitivo e o social são vistos na unidade do processo histórico.

A *sociologia da ciência* tem se utilizado de dois programas — o fraco e o forte. O fraco se limita a buscar causas sociais para os erros, os desvios, os desrespeitos aos requisitos fundamentais da racionalidade. Fica restrito à dimensão pragmática da linguagem científica. O forte abraça a tese radical de que tudo — o verdadeiro e o falso, o certo e o errado, o racional e o irracional — é socialmente causado e que a ciência, mesmo no que tem de melhor e mais sólido, é tão passível de explicação sociológica quanto a mais militante ideologia. Procura desenvolver uma abordagem na qual o sintático-semântico e o pragmático apareçam como indistinguíveis na formação da chamada racionalidade científica.

Ciência: produção e validação. A análise do *contexto da descoberta* permite que se alcance a compreensão dos processos históricos concretos que culminam na criação de novos conhecimentos. Identificar a *ars inveniendi* — os procedimentos de descoberta e invenção adotados — e os recursos materiais e intelectuais disponibilizados pelo contexto em que é feita a pesquisa muito contribui para o entendimento da especificidade inerente ao empreendimento intelectual da ciência. É grande o interesse em determinar como se dá a produção da ciência, como suas teorias chegam a ser concebidas. Cabe, no entanto, ter presente que dar atenção aos *ways of discovery*, à problemática de como as variáveis contextuais contribuíram para o advento de determinada teoria, não é tarefa da filosofia da ciência.

A questão da relação entre a forma/conteúdo de uma teoria e o contexto no qual foi gerada tem merecido da sociologia da ciência atenção especial. Afinal, a influência dos fatores psicossociais e político-econômicos na formação de teorias como, por exemplo, a da Relatividade, tem força condicionante ou determinante? Mesmo se vista como parte do processo histórico geral, à ciência pode-se conferir uma racionalidade autóctone, isto é, capaz de propor e justificar seus resultados a salvo da ingerência de fatores extracognitivos. Várias ciências sociais ocupam-se do contexto da descoberta.

O estudo do *contexto da justificação* centra-se na *ars probandi*, nos procedimentos empregados nos processos de validação das teorias. Sua preocupação é com os *ways of validation*, com as razões lógicas e evidências empíricas que podem ser invocadas para justificar a aceitação ou a rejeição de determinada teoria. A filosofia da ciência tem se concentrado nele. Hans Reichenbach, em *O surgimento da filosofia científica*, salienta que o ato da descoberta escapa à análise lógica. E que não é tarefa do lógico dar conta das descobertas científicas. Cabe-lhe apenas analisar a relação entre certos fatos e uma teoria que lhe é apresentada como capaz de explicá-los.

Entendida como empreendimento intelectual *puro*, a ciência precisa ser dissecada apenas em termos de seu contexto da justificação. Ocorre, porém, que depois da segunda metade do século XX, a rígida distinção entre contexto da descoberta e contexto da justificação passou a ser cada vez mais questionada. A autointitulada filosofia da ciência pospositivista defende a tese de que os estudos metacientíficos só conseguirão se livrar da tendência às reconstruções idealizadas caso a racionalidade da ciência seja abordada como um processo no qual a forma, o conteúdo e o contexto apareçam em inextricável associação.

O *contexto de uso* investiga o destino dado ao conhecimento gerado. No mundo antigo, o conhecimento era visto como *bios theoretikos* ou *vita contemplativa*. Os saberes visavam à contemplação da realidade, naquilo que esta tem de permanente, e ao desvelamento da verdade. Não nutriam a pretensão de transformar os "objetos" investigados. Por essa razão, prevalecia o ideal dedutivista de conhecimento. Não por acaso, nesse período ocorrem grandes avanços nas ciências formais e poucas são as conquistas em termos experimentais. Bertrand Russell, em *A perspectiva científica*, afirma que o gênio grego foi mais dedutivo que indutivo, mais matemático que experimental. Polêmicas são suas afirmações de que os gregos observaram o mundo mais como poetas que como cientistas e de que, a despeito de terem se sobressaído em quase todos os campos da atividade humana, contribuíram pouco para o avanço da ciência.

A grande reviravolta na era moderna diz respeito a como a natureza passou a ser percebida. Enquanto na época medieval era considerada sagrada, na moderna passa a ser vista como *objeto* a ser dissecado, explicado e, quando possível e desejável, modificado com base nos interesses maiores da humanidade. Da sacralização da natureza se passa à atitude que visa a ter sobre ela controle instrumental proporcionado pelo saber com vocação praxiológica. A partir do *Novum organum* de Francis Bacon, conhecimento autêntico é o que, fundando-se na observação, vai propiciar poder sobre os fenômenos estudados. As ciências naturais se tornam "saberes de domínio".

Como tal, começam a ser regidas pelo critério pragmático do sucesso preditivo. O importante é desenvolver teorias que façam previsões confiáveis, que proporcionem, antecipando "comportamentos", poder sobre o que investigam. As teorias passam a ter seu valor definido pelo poder preditivo e manipulativo. Tudo fica subordinado ao imperativo da destruição criativa, à busca permanente da superação de resultados. Mas nem todo conhecimento pode ser aplicado. Quando pode, as finalidades perseguidas com sua aplicação são de natureza predominantemente instrumental. Discutem-se cada vez mais os benefícios que a aplicação dos novos conhecimentos, sobretudo os gerados pela engenharia genética, podem trazer para a humanidade e as questões éticas espinhosas que suscitam. Em se tratando de conhecimento sobre fatos psicossociais, é fundamental determinar de que modo ele repercute, independentemente de ter ou não vocação prática, sobre as realidades estudadas. A crescente transformação do conhecimento científico em poder de manipulação sobre o que é estudado aponta para o risco de as biotecnologias virem a tratar o homem não como um fim em si mesmo, mas como meio. Essa a razão pela qual não se devem perder de vista os fundamentos éticos da pesquisa científica e da aplicação de seus resultados.

Lógica da pesquisa e psicologia da criação. Francis Bacon indica a importância do método para a geração de conhecimento quando afirma que "o coxo seguindo o caminho certo ultrapassa o veloz que perambula por ele". Pode-se dizer que existe uma lógica da justificação entendida como um conjunto de procedimentos que, seguido à risca, mostra-se capaz de conferir cientificidade à pesquisa. Mas não há uma lógica da criação que se possa caracterizar como um receituário com competência para prescrever atitudes e comportamentos que levem à originalidade, isto é, à descoberta de novos fatos e à invenção de novas teorias. Não existe um método lógico de conceber ideias novas ou de reconstruir logicamente esse processo; não se conhece a fórmula da criatividade: a busca do novo é uma aventura pelo desconhecido. Como procurar o que não se conhece? Se alguém sabe o que procura, então não é novo; e se novo é, não se tem como saber o que se procura. Mas como buscar o que não se sabe direito o que é e nem onde está?

Como o demonstra a história da ciência, o acaso — o fenômeno da serendipidade — acaba tendo importante papel na pesquisa. Ainda estão por ser determinadas as quantidades de inspiração e transpiração necessárias à conquista do novo, à introdução de inovações. Talvez o pesquisador esteja condenado, em suas tentativas de ir além do que já tem e já sabe, a seguir o desconcertante conselho: tente de novo, fracasse de novo, fracasse melhor. A grande invenção torna realidade o que parecia uma impossibilidade — por exemplo, falar a distância. Os grandes saltos de progresso — material e intelectual — estão ligados a mudanças de ótica, à identificação de novos nichos, à abertura de novos caminhos, à introdução de novas técnicas e tecnologias. Novas formas de abordagem ensejam ver novas coisas ou até novas propriedades nos objetos mais familiares. Exagerando, pode-se dizer que novos pontos de vista descortinam "novos mundos". Arthur Koestler em *A arte da criação* observa que a maioria das novas ideias é descoberta pela percepção da relação, ou analogia, entre dois campos de atividade completamente diferentes denominados "matrizes".

Tipos de ciência

As *ciências formais* — lógica e matemática — não tratam de objetos empíricos. Suas proposições não estão submetidas ao veredicto dos fatos e os procedimentos inferenciais que empregam são de natureza dedutiva. Em seu interior prevalecem os requisitos da consistência — os enunciados só devem ser aceitos quando mantêm relações de coerência entre si — e da derivação lógica — o enunciado posterior tem de decorrer do(s) anterior(es). As regras de inferência — que definem as formas aceitáveis de transição de um enunciado para outro — são demonstrativas. A verdade é transmitida das premissas (logicamente mais fortes) para as conclusões (logicamente mais fracas) e a falsidade é retransmitida das conclusões para as premissas.

Já as *ciências empíricas* — ciências naturais e sociais — estudam fenômenos direta ou indiretamente observáveis abordando-os por meio de métodos quantitativos ou qualitativos. Em suas explicações, os ingredientes teóricos e os empíricos estão em complexa interação. A despeito de as técnicas inferenciais que empregam serem predominantemente indutivas, estatísticas e probabilísticas, tais ciências podem recorrer, ao menos de modo complementar, às dedutivas.

O casamento do lógico com o empírico. Não há como fazer pesquisa de qualidade sem dar atenção aos aspectos lógico-formais. A consistência interna é tão fundamental quanto a correspondência aos fatos. "Demonstre-me", pediu alguém a Epíteto, "que devo estudar lógica." Ao que o filósofo retrucou: "E como saberá você que a demonstração é boa?" A lógica, como ciência formal que é, estuda *o que se segue do que*. Não lhe cabe, portanto, definir se determinada asserção é verdadeira ou não, e sim o que se pode inferir validamente a partir da (suposta) verdade de uma ou mais proposições.

De forma genérica, uma teoria científica deve ser definida como um conjunto de enunciados de tal forma integrados que subsistem entre eles relações logicamente organizadas de consequência e, em se tratando de ciência empírica, relações de correspondência com a "realidade" (estados de coisas) com vistas a descrever com fidedignidade, prover explicações seguras e fazer predições confiáveis.

A verdade ou falsidade de uma sentença empírica é determinada por seu acordo ou desacordo com a experiência. Mas há casos em que se pode inferir a verdade de uma sentença com base no conhecimento já obtido sobre a verdade de outra(s) sentença(s). A tarefa da lógica é prover as regras inferenciais que promovem tal tipo de transição. Fatos não são nem verdadeiros nem falsos. Só o que se diz sobre eles — os enunciados — pode ser assim avaliado. Fatos ocorrem ou não, manifestam-se como evidências favoráveis ou desfavoráveis aos nossos pronunciamentos sobre a "realidade".

Só podem compor uma teoria científica (empírica) as asserções que se mostrem suscetíveis de ser aprovadas ou reprovadas pela experiência. Daí a questão crucial: quando, e em que quantidade, a evidência determina a aceitação ou a rejeição de uma hipótese? Fatos são a toda hora invocados como os grandes árbitros das afirmações e explicações produzidas sobre a realidade. A eles se credita tanto o poder de aprovar quanto o de rejeitar teorias. Está, no entanto, longe de ser trivial determinar que papel desempenham no processo de produção do conhecimento científico. Em ciência e em metaciência os fatos costumam ser destacados como a matéria-prima e a base rochosa do conhecimento. Por mais que os sejam tomados como informações primárias e fundamentais a respeito do que se passa no mundo, sua caracterização varia em função de se endossarem pressupostos racionalistas ou empiristas.

À luz da visão tradicional, o mundo é povoado por fatos autossubsistentes, isto é, que são o que são independentemente do que se pensa a respeito deles. Há crenças e sentenças que se referem a esses fatos e que são, por referência a eles, verdadeiras ou falsas. Sob o influxo da gnosiologia empirista, Newton declara na *Óptica* que "as hipóteses não devem ser levadas em consideração em filosofia experimental". Em *Princípios matemáticos da filosofia natural*, reitera o ponto de vista factualista em franca dissonância com o que efetivamente faz: "Não formulo hipóteses, já que tudo que não é deduzido dos fenômenos deve ser chamado de hipótese." Karl Pearson em *A gramática da ciência* sublinha corretamente que "não são os fatos que fazem a ciência, mas o método por meio do qual são tratados". Na mesma direção, Poincaré afirma em *Ciência e hipótese* que "fazemos ciência com os fatos assim como uma casa é feita com tijolos; mas uma acumulação de fatos não é ciência assim como um conjunto de tijolos não é uma casa".

O que torna científica a pesquisa?

O que diversas disciplinas têm em comum, em termos de práticas e procedimentos, que permite classificá-las como ciência por oposição a outras formas de saber? O método científico estipula um conjunto geral de regras e técnicas com base nas quais deve ser feita a pesquisa. É preciso, no entanto, ter presente que os debates travados ao longo do século XX deixaram claro que não há consenso em torno do que se deve considerar a essência da cientificidade. O debate epistemológico atual tende a se afastar da visão de Russell, que é a de muitos cientistas, de que o método científico na essência é bastante simples: consiste na observação daqueles fatos que permitem ao pesquisador descobrir as leis gerais que regem os fatos do mesmo tipo.

Em tese, o cientista só endossa afirmações que se mostrem passíveis de adequada justificação depois de terem passado por testes severos. E mesmo assim deve fazê-lo com cautela, já que até as teorias mais confirmadas pelo reiterado apoio da evidência empírica estão sujeitas a desmentidos futuros.

À luz da concepção tradicional "positivista", as proposições da ciência se destacam por serem verificáveis ou confirmáveis, isto é, por poderem obter crescente apoio no campo da experiência para o que afirmam: é possível colher evidências positivas em quantidade suficiente para que se possa defini-las como verdadeiras ou, na pior das hipóteses, como prováveis. Já a visão "negativista" apregoa que as asserções que merecem o qualificativo de científicas são as refutáveis/falsificáveis, as que *podem* ser desautorizadas pelos fatos. Uma solitária evidência desfavorável basta para decretar a falsidade até dos enunciados empíricos de universalidade irrestrita, como os que afirmam que todas as coisas de um certo tipo exibem sempre determinado atributo.

Muito se debateu ao longo do século XX a respeito do que torna científica uma teoria. A psicanálise, o materialismo histórico e a sociologia compreensiva, entre outros, tiveram sua cientificidade bastante questionada. Os procedimentos metodológicos que empregam, os modos com que procuram justificar as teses que defendem apresentam notórias diferenças com teorias como a da relatividade. O importante é determinar se essas diferenças são de grau ou espécie. Um dos grandes desafios enfrentados pela filosofia da ciência é o de formular um critério que permita distinguir as construções da ciência das especulações metafísicas e dos posicionamentos ideológicos.

A verificabilidade como critério de cientificidade. A possibilidade de verificação costuma ser encarada como a condição necessária, ainda que não suficiente, para que uma asserção possa aspirar ao status de científica. "Ser verificável" é precondição para ser científico. Mas isso não basta. Em que pesem afirmações triviais, como as que são feitas no dia a dia, serem fácil e prontamente verificáveis, nenhuma tem como ambicionar integrar o corpo teórico de uma ciência. Se uma proposição é verificável *pode* receber um valor de verdade à luz da experiência atual ou potencial. Se não é possível especificar *que* evidência, e *em que quantidade*, enseja caracterizar uma afirmação como verdadeira ou, na pior das hipóteses, como provável, então não é verificável.

Em *Linguagem, verdade e lógica*, Ayer afirma que a proposição é verificável em sentido fraco, quando a experiência tem condições apenas de torná-la provável, e em sentido forte quando sua verdade pode ser estabelecida de forma conclusiva por meio da experiência. A exigência é a de que sempre haja a possibilidade de verificação. Mesmo porque há proposições que, a despeito de o pesquisador não reunir atualmente as condições técnicas necessárias à sua verificação, não dispor neste momento dos meios indispensáveis à sua testagem, permanecem, em princípio, verificáveis. À guisa de exemplificação pode-se recorrer ao enunciado "Há em Plutão micro-organismos similares aos que deram origem à vida na Terra". Trata-se de asserção suscetível de verificação, mas que não tem como ser — até o presente momento — verificada. Possibilidade lógica de verificação equivale à indicação de que dados, ainda que indisponíveis na atualidade, teriam de ser identificados para que se pudesse determinar a verdade ou a falsidade de uma proposição. O fundamental é poder especificar sob que condições objetivas — presentes ou futuras, reais ou virtuais — pode-se chegar à verificação do enunciado.

Enunciados singulares ("Este objeto é metal e conduz eletricidade") e existenciais ("Alguns objetos são metais e conduzem eletricidade") podem ser conclusivamente verificados. No primeiro caso, basta constatar que se trata efetivamente de metal e em seguida comprovar que conduz eletricidade. No segundo, especificar de modo claro o conjunto coberto por "alguns" para checar se cada um dos abrangidos ostenta ou não o atributo a ele aplicado. O mesmo não ocorre com universais categóricos do tipo "Todos os metais conduzem eletricidade". Como o "todos" abrange casos reais (passados e presentes) e possíveis (futuros), por mais que a verificação tenha avançado não há como considerá-la concluída. Existe sempre a possibilidade de se encontrar — enquanto não for esgotado o conjunto dos metais estudáveis — um metal que não conduza eletricidade.

Uma solitária manifestação de evidência adversa é suficiente para jogar por terra todo o acúmulo de casos favoráveis registrados ao longo do tempo. Isto significa que não há como estabelecer a verdade de um universal irrestrito por meio da aplicação do procedimento de verificação — por meio do crescente acúmulo de evidência favorável. Enunciados de universalidade categórica não têm como ser cabal e conclusivamente verificados com base num conjunto finito de dados observacionais. Desse modo, a verificabilidade não se credencia a emitir parecer definitivo a respeito de um tipo de enunciado muito importante para a pesquisa científica. Essa é a grave deficiência dos procedimentos de verificação.

Afirmações como "Todas as coisas de um certo tipo têm uma certa propriedade" são vitais para a ciência porque têm a mesma forma lógica das leis científicas. Leis, em ciência, são proposições sobre o que *precisa ser* ou sobre o *que não pode ser o caso*. São expressas por meio de enunciados que não podem ser logicamente inferidos de fatos empiricamente conhecidos. Os universais irrestritos atribuem determinada característica a todos os membros de uma certa classe. Os probabilísticos conferem uma certa propriedade a uma proporção especificada dos membros de determinada classe. Como enunciados nomotéticos, cobrem um número ilimitado de casos, enquanto só se pode praticar um número limitado de observações com vistas à sua comprovação, a verificabilidade — como critério de cientificidade — se revela falha.

A concepção falsificacionista de cientificidade. Popper se propôs a formular um critério de demarcação que, sem apresentar as deficiências da verificabilidade, permitisse traçar uma linha divisória entre as asserções das ciências empíricas e as produzidas pelas pseudociências, metafísicas e ideologias. E que também ensejasse distingui-las das asserções matemáticas e lógicas. Como critérios de cientificidade e demarcação são, em última análise, critérios de empiricidade, o que está em questão é determinar se uma asserção se reporta a um campo delimitado da experiência. Se a proposição pode ser confirmada ou infirmada é porque tem conteúdo empírico. Segundo Popper, só podem aspirar à condição de científicos os enunciados teóricos sujeitos à refutação empírica pela identificação de contraexemplos.

É importante diferenciar "possibilidade lógica de falsificação" e "prova experimental prática e conclusiva de falsidade". De um ponto de vista estritamente lógico não há dificuldade em decretar a falsidade de um universal categórico — por exemplo, "Todos os insetos são invertebrados" — caso se descubra um caso que o contrarie, no caso um inseto que tenha osso. A dificuldade se manifesta em relação à refutação experimental, já que nunca se pode estabelecer de modo conclusivo que uma teoria é falsa. Como pode ter havido um erro na observação, no experimento, na identificação do contraexemplo, a refutação conserva um caráter conjetural.

Entendida como a capacidade de uma teoria *poder* ser refutada com base na experiência, a falsificabilidade é condição necessária, mas não suficiente, para que uma asserção possa legitimamente pretender fazer parte de uma ciência. As teorias que ostentam uma forma ou estrutura que tornam suas proposições impermeáveis à crítica, imunes ao pronunciamento — sobretudo, adverso — dos fatos, não têm como pertencer ao campo da pesquisa científica. Teorias que lançam mão de dispositivos que as protegem contra possíveis críticas ao que sustentam são irrefutáveis e completamente destituídas de cientificidade. Decretar que uma teoria é irrefutável significa apenas que não há como submetê-la a escrutínio crítico, que ela não tem como postular a condição de científica. Em síntese, para que um enunciado possa se apresentar como uma hipótese científica é necessário que proíba a ocorrência de determinado(s) evento(s) experimental(is) que, apresentando-se na experiência, implica(m) a refutação empírica daquele enunciado hipotético. A possibilidade de refutação é requisito a ser satisfeito por todas as asserções que pretendam fazer parte de teorias científicas.

Em contraposição à radical postura antimetafísica adotada pelo positivismo lógico, Popper não considera destituídas de significatividade as proposições metafísicas. A história da ciência mostra que várias teorias importantes se formaram a partir de nebulosas intuições metafísicas. Um dos exemplos mais emblemáticos é o da influência do neoplatonismo sobre o heliocentrismo de Copérnico. Uma especulação filosófica pode estar na origem — pode servir de fonte inspiradora — de hipóteses empiricamente testáveis. Apesar de a falta de conteúdo empírico tender a ser sintoma de "vazio explicativo", em alguns casos vale a pena lapidar uma teoria, dado seu potencial heurístico, de modo a torná-la capaz de sugerir novas ideias e novas formas de apreensão dos fatos.

Quanto mais geral é uma afirmação, mais o acúmulo de evidência positiva se torna inconclusivo. Um universal categórico, de máxima generalidade, como, por exemplo, "Toda sociedade é estratificada" não tem como ser cabalmente verificado. Por mais que no passado e no presente todos os casos conhecidos o tenham confirmado, nada impede que no futuro se venha a observar uma sociedade que não ostente a propriedade "estratificada". Disso decorre que nenhum acúmulo de evidência favorável tem força para estabelecer a verdade de um universal categórico. Mas basta, em termos lógicos, um contraexemplo para derrubá-lo. É fácil obter verificações ou confirmações para quase todas as teorias. As confirmações só deveriam valer quando resultassem de previsões arriscadas.

O teste genuíno é uma tentativa séria, ainda que fracassada, de refutar a teoria. A atitude crítica se caracteriza pela diuturna busca de contraexemplos, de evidências negativas. Sem espírito crítico, o cientista encontrará a toda hora confirmações e pouca atenção dará ao que ameace suas teorias. Toda teoria científica é uma *proibição*: proscreve a ocorrência de determinadas coisas. E só pode postular cientificidade se tem o potencial de se mostrar incompatível com a experiência, de se revelar falsa. A teoria com base na qual se afirma que "Os gases se expandem" não admite a possibilidade de se encontrar um gás que não se expanda. Irrefutável significa compatível com qualquer experiência possível. Uma teoria que não pode ser refutada por nenhum evento possível não é científica. Se o controle genuíno equivale a tentativas de refutação, a resistência a testes — especificada por meio de graus de corroboração — justifica a aceitação apenas provisória de uma lei ou teoria.

À luz do *darwinismo epistemológico*, as teorias, em sua grande maioria, fracassam, não superam os controles rigorosos a que são submetidas e acabam descartadas. O avanço do conhecimento se daria por seleção darwiniana e não por instrução lamarckiana. O crescimento do conhecimento é o resultado de um processo estreitamente semelhante ao que Darwin chamou de "seleção natural". A diferença é que se trata de um processo de seleção de hipóteses. Inventamos livremente teorias e as submetemos a duras provas com vistas a identificarmos seus erros para deles nos desvencilharmos o mais rapidamente possível. O que chamamos a cada momento de conhecimento corresponde àquelas hipóteses que mostraram sua aptidão (comparativa) para sobrepujar, até esse instante, os obstáculos que surgiram em sua luta pela sobrevivência, luta essa marcada pela competição que elimina impiedosamente as hipóteses incapazes. Esse esquema se aplica, segundo Popper, ao conhecimento animal, ao pré-científico e ao científico. A peculiaridade do conhecimento científico é que a luta pela sobrevivência é ainda mais dura em razão de prevalecer a crítica sistemática às teorias propostas.

A despeito de ambos usarem o método de tentativa e erro, Einstein se distingue da ameba por se dedicar à busca consciente do erro e à sua mais rápida eliminação. A ameba, como observa Popper, não tem como ser crítica em relação a suas expectativas ou hipóteses porque fazem parte dela, são constitutivas de seu "ser". Tudo que o cientista pode fazer é submeter a duros controles suas teorias, eliminando as que não suportam os severos testes por ele concebidos. Mesmo que tenha conseguido elaborar a teoria verdadeira, para sempre válida, o cientista não tem como ter certeza disso. O prosseguimento das pesquisas, levadas a cabo por ele e por outros estudiosos, pode conduzir à contínua e indefinida confirmação de sua teoria ou pode, em algum momento, mostrar a existência de um contraexemplo capaz de acarretar a refutação da teoria.

Dos dados empíricos só pode ser inferida a falsidade de uma teoria, jamais a verdade. O método da tentativa e erro promove a eliminação de teorias que tenham se revelado falsas à luz de testemunhos observacionais. A substituição do modelo de aprendizagem por repetição pelo modelo de aprendizagem por meio da eliminação de erros tem, entre outras, a vantagem de acelerar o crescimento do conhecimento.

Paradigmas: história, razão e sociedade. A metaciência de Kuhn defende a subordinação da filosofia da ciência à história da ciência por entender que as concepções tradicionais de ciência são reprovadas quando avaliadas à luz da evidência histórica. Poucas receberiam da história da ciência certificação mínima de qualidade. Do *Novum organum* (século XVII) de Bacon ao racionalismo crítico de Popper (século XX) teriam sido produzidas reconstruções divorciadas das práticas de pesquisa. Por se pretender descritiva, a metaciência de Kuhn se apresenta como um enfoque voltado para a ciência como ela *é* e não como *deveria ser* (praticada). Seriam inócuas as recomendações ou prescrições feitas pelas lógicas da pesquisa. Por isso, Kuhn se propõe a construir uma visão de ciência historicamente orientada. É a história da ciência que permite a identificação dos procedimentos metodológicos fundamentais que caracterizam a atividade científica.

Afastando-se ainda mais da chamada *standard view*, Kuhn também atribui à sociologia e à psicologia social papel importante no entendimento do que é e como se reproduz a ciência. Isso significa que a racionalidade científica não é explicável apenas em termos de razões lógicas e evidências empíricas. Os fatores psicossociais contribuem de modo importante para o entendimento de sua racionalidade.

Na metaciência de Kuhn, o conceito de paradigma é vital. Numa de suas definições mais esclarecedoras o paradigma é apresentado como um conjunto de realizações científicas universalmente reconhecidas que, durante algum tempo, fornecem problemas e soluções modelares para uma comunidade de praticantes de uma ciência. Exemplos de paradigma: mecânica clássica, astronomia ptolomaica e copernicana. Quando a pesquisa começa a ser feita sob a regência de um paradigma fica para trás a "competição selvagem" que prevalecia na fase pré-paradigmática.

Paradigmas não são equivalentes ao que se tem chamado de teoria. Mais que uma teoria, envolvem um somatório complexo de elementos: leis, conceitos, analogias, valores, regras de autoavaliação, modelos de formulação e resolução de problemas, princípios e pressupostos metafísicos, procedimentos metodológicos e exemplares. Estes últimos são modelos resolutivos de problemas que os estudantes apreendem desde o início de sua educação científica.

Para Kuhn, a observação e a experiência podem e devem restringir drasticamente o escopo das crenças científicas admissíveis, pois, do contrário, não haveria ciência. Mas não podem, por si só, determinar um corpo específico de semelhantes crenças. De um conjunto de fatos não se *infere* uma e apenas uma teoria. Há casos em que os fatos sugerem como igualmente plausíveis várias teorias.

Relativizando o papel da lógica e da experiência no processo de produção de conhecimento, Kuhn dá destaque ao conceito de comunidade científica. Os fatores psicossociais não têm sua relevância confinada à gênese do trabalho científico. A *forma e o conteúdo* das teorias sofrem influência das condições institucionais em que a pesquisa é feita. Mas não se trata de reduzir a ciência a epifenômeno da vida política ou econômica. O cognitivo e o institucional se reproduzem em inextricável associação sem que o segundo determine o primeiro.

No artigo "Reflexões sobre meus críticos" Kuhn afirma: "Seja o que for o processo científico, temos de explicá-lo examinando a natureza do grupo científico, descobrindo suas valorações, o que tolera, o que desdenha." Em *Tensão essencial*, ele reitera a tese: "Embora a ciência seja praticada por indivíduos, o conhecimento científico é intrinsecamente um produto do grupo. Sua peculiar eficácia e a maneira pela qual se desenvolve não serão compreendidas sem referência à natureza especial dos grupos que o produzem."

Kuhn atribui enorme importância à educação profissional no processo de aprendizagem do paradigma e na sua rígida reprodução comunitária. A pesquisa científica, em aspectos fundamentais, consiste em ajustar as observações aos quadros conceituais providos pela educação profissional. A função dos manuais é a de especificar o que se sabe e com que modelo de pensamento se deve operar. E com isso surge a dúvida: um campo de estudos progride porque é uma ciência ou é uma ciência porque progride?

A *normal science* é a atividade rotineira dedicada à resolução de *puzzles* (quebra-cabeças). Equivale ao período de tempo durante o qual uma comunidade científica compartilha um paradigma e trabalha sob a estrita vigência de seus princípios e pressupostos. Em *A estrutura das revoluções científicas*, Kuhn a define como uma tentativa de forçar a natureza a se encaixar na moldura pré-formada e relativamente inflexível fornecida pelo paradigma. O tipo acanhado de pesquisa realizado pela ciência normal faz com que as inovações que introduz, restritas e de pequeno alcance, se baseiem no poder da pesquisa esotérica. As grandes inovações, raras em ciência, envolvem uma ampla e radical reorganização de todo um campo de investigação. À diferença da "ciência heroica", a ciência normal não busca a diuturna superação de resultados. Ela se confunde com o conjunto das práticas de pesquisa que aplicam "mecanicamente" o aparato do paradigma no enfrentamento de problemas selecionados como legítimos.

O paradigma fornece um modelo de pensamento completo e fechado, de tal forma que o fracasso em solucionar um quebra-cabeça tende a ser visto mais como incapacidade do cientista que como uma falha do paradigma. Enquanto este se mantém sólido, experimentos testam antes de tudo a *competência* do pesquisador. *Puzzles* que resistem às técnicas de solução disponibilizadas pelo paradigma são vistos mais como anomalias que como refutações. Mesmo porque todos os paradigmas contêm anomalias — em certos casos já nascem com elas. Exemplos: a teoria copernicana e o tamanho aparente de Vênus; a física newtoniana e a órbita de Mercúrio. A *ciência normal* é avessa a novidades e desprovida de espírito crítico; limita-se a empregar o "modelo de pesquisa" imposto pelo paradigma no enfrentamento de problemas — selecionados pelo próprio paradigma — que não demandam arrojo explicativo.

Dada a força plasmadora do paradigma, ao aceitarem-no os cientistas se colocam sob a égide de um conjunto de padrões de escolha e decisão. Seu poder é de tal ordem que lhe permite definir as técnicas de pesquisa que cabe adotar, as entidades a observar, as questões a formular, os problemas a enfrentar, as formas de explicação que devem ser reputadas aceitáveis, as interpretações a serem acolhidas como fundamentadas etc.

A fé no paradigma só começa a ser abalada quando o número de anomalias cresce acima do razoável, ficando cada vez mais manifesta a incapacidade de se lidar com elas. A anomalia só desponta como séria se é vista atingindo a estrutura básica do paradigma e se resiste às tentativas feitas pelos mais destacados membros da comunidade científica para superá-la. Quando isso ocorre, pode-se dar o advento de uma *crise* na qual se manifestará de forma clara a tensão essencial entre tradição e inovação. A reprodução e aplicação do que se sabe e a busca do que ainda não se sabe é que faz o processo do conhecimento avançar. E, se o já sabido entra manifestamente em crise, então a busca do novo torna-se um imperativo. Com isso, pode ter início um período de pesquisa extraordinária.

Mesmo a atividade de pesquisa altamente convergente, que se apoia firmemente no consenso gerado por uma rígida educação científica, está sujeita a passar por sobressaltos que podem desembocar em crises. Na visão de Kuhn, não ocorrem em ciência, como rituais lógicos decisórios, a verificação e a refutação de teorias. A competição entre segmentos da comunidade científica é, para ele, o único processo histórico que realmente resulta na rejeição de uma teoria ou na adoção de outra. Os dados, isoladamente considerados, não conseguem estabelecer a superioridade de um paradigma sobre outro em virtude de serem registrados por meio dos óculos de um ou de outro paradigma. Para Kuhn, uma observação incompatível, um contraexemplo, não é suficiente para determinar o abandono de uma teoria.

Mas, instalada a crise — iniciada uma fase de pesquisa extraordinária —, o processo pode culminar numa revolução. A mudança de paradigma requer uma reversão gestáltica. Se o paradigma começa a se mostrar falho para importantes segmentos da comunidade científica, existe a possibilidade de desestabilização do *modo normal* de fazer ciência, a possibilidade de vir a ocorrer uma total transformação da "ordem teórica" vigente. Tendo em vista o fato de que o velho deve ser reavaliado e reordenado quando se assimila o novo, a descoberta e a invenção nas ciências costumam ser intrinsecamente revolucionárias.

A revolução acaba por promover uma reeducação geral do olhar e do pensar. Em períodos de revolução, quando a tradição científica se esboroa, a percepção que o cientista tem de seu meio ambiente deve ser reeducada. É como se ele fosse obrigado a aprender a ver (de) uma nova forma — "novas coisas" — mesmo nos contextos com os quais estava familiarizado. Cabe, no entanto, ter presente que se por um lado o coeficiente de inovação é, em boa parte, condicionado por fatores externos à ciência, por outro, os critérios de avaliação e seleção das inovações conceituais e explicativas são internos à pesquisa.

Nenhum paradigma é abandonado sem que exista uma alternativa em condições de substituí-lo vantajosamente. Nenhum processo descoberto até agora pelo estudo histórico do desenvolvimento científico assemelha-se, para Kuhn, ao estereótipo metodológico da falsificação por meio da comparação direta com a natureza. Se uma revolução não incorpora os êxitos e conquistas anteriormente alcançados, representando uma total ruptura com o modelo antes prevalecente, cria-se uma situação de incomensurabilidade entre o *antes* e o *depois*. Ao abandonar a visão de que uma revolução configura uma transição racional, Kuhn a encara como uma conversão (num sentido próximo ao religioso) a um novo modelo de pensamento escorado em outras pressuposições absolutas. Não há argumentos puramente lógicos a demonstrar a superioridade de um paradigma sobre outro. Como cada paradigma reconstrói o mundo com base nos princípios e pressupostos que o organizam, até a noção de progressividade se define nos marcos de sua "lógica interna".

Proponentes de paradigmas rivais vivem em mundos diversos — abraçam diferentes modelos de pensamento, distintos padrões metodológicos, e assumem diferentes compromissos ontológicos. Quando o paradigma está enfraquecido a ponto de seus defensores e praticantes perderem a confiança nele, amadurecem as condições para a revolução. A crise da velha "ordem teórica" tende a se aprofundar quando um paradigma rival faz sua aparição. O novo paradigma não só é diferente do velho como é com ele incompatível. A nova teoria implica uma mudança das regras que governavam a prática anterior da ciência normal. Como ela (quase) nunca é um mero incremento ao que já é conhecido, sua assimilação requer a reconstrução da teoria precedente e a reavaliação dos fatos antes tomados como relevantes.

Da observação à teoria: uma magra entrada e uma saída torrencial

Com as esparsas e fragmentárias informações que nos chegam do mundo exterior, usamos a imaginação criadora para fazer arte, filosofia e ciência. Nossas produções intelectuais dependem manifestamente de informações registradas por nossos sentidos. Só que as explicações, mesmo as que se pretendem completamente escoradas na *empeiria*, vão além dos *dados*. Teorias não são elaboradas apenas com a matéria-prima dos fatos, mas também com a inventividade da razão humana. É a capacidade de processamento criativo que transforma sensações, percepções, observações e impressões em obras com valor estético, filosófico ou científico. A *entrada*, quantitativamente prolífica, gera uma *saída* organizada composta por interpretações que se destacam, entre outras coisas, pela capacidade de unificar o que estava disperso na experiência.

Como todo conhecimento envolve a formação de um *output* (explicação) a partir de um *input* (fatos), a questão decisiva é saber como ocorre a transição da entrada para a saída e se ela é passível de adequada justificação. No mundo da técnica, a transição é uma transformação "material" — por exemplo, os pedaços de madeira com os quais se faz uma canoa — e o critério de avaliação é o da eficiência funcional.

Em ciência, o valor instrumental também é importante. Mas este, ao menos em tese, é resultado do poder explicativo. Da teoria clássica do conhecimento à filosofia da ciência contemporânea, a questão central é a de como se passa, com as devidas justificações epistêmicas, dos particulares que se oferecem à observação ao universal da explicação.

A problemática relativa ao modo como a moldura teorética e o conteúdo experiencial devem se juntar, para que a genuína ciência seja gerada, tem fomentado grandes debates. A partir do século XVII, começa-se a atribuir a superioridade intelectual da ciência ao pretenso fato de que suas teorias decorrem da rigorosa e meticulosa observação da natureza. Enquanto a religião é depreciada por ser movida a fé e a filosofia, por elaborar especulações de valor cognitivo controverso, a ciência é decantada por fazer pesquisas que supostamente se atêm à ordem dos fatos. Só seus métodos permitiriam a descrição fidedigna da realidade e a sua explicação embasada.

Nas últimas décadas a tese observacionalista, segundo a qual a ciência parte de observação e nela vai buscar evidências capazes de justificar suas teorias, foi alvo de duros ataques críticos. Alguns epistemólogos passaram a defender tese radicalmente oposta — teorista —, para a qual tudo é interpretação e a experiência não passa de mero ponto de partida, de fonte de informações fundamentais para a formação das explicações. A força intelectual da ciência, por certo, não está em substituir o especulativismo vazio de algumas filosofias pelo observacionalismo tosco que só invoca a força inapelável dos fatos. Os grandes avanços resultam da fecunda interação entre imaginação interpretativa e conteúdo empírico.

O modelo de baixo para cima. Segundo o princípio do empirismo, todo conhecimento autêntico provém da experiência. Sendo assim, o fundamental é retratá-la tal qual é, evitando contaminá-la ou deturpá-la. O modelo *from the bottom up*, "de baixo para cima", parte de observações que supõe fidedignas — tomadas como o ponto arquimédico — para, por etapas, ir ascendendo até chegar ao topo da teoria. Trata-se de um modelo de conhecimento por camadas. O processo se desenrola do empírico para o interpretativo, dos fatos para as teorias, do plano descritivo para o explicativo. No ponto de partida há a informação primária dos fatos e, no ponto de chegada, o nível mais elevado de generalização que foi possível alcançar. Desse modo, o registro fiel dos fatos e as generalizações cuidadosas são os procedimentos cruciais para a geração do autêntico conhecimento. É claro que da base dos dados até o topo da interpretação — o trajeto que vai da descrição à explicação — operações intermediárias são realizadas.

Acurados registros observacionais, secundados de inferências indutivas cuidadosas, resumem os dois momentos cruciais do processo de produção de conhecimento. Ao atribuir-se ao conhecimento científico um fundamento observacional seguro, tende-se a considerá-lo, à diferença das outras formas de saber, imune a contaminações subjetivas e a óticas ideológicas. A teoria do balde mental, como a batizou Popper, supõe que a mente se assemelha a uma vasilha no interior da qual percepções, registros do mundo exterior, vão se acumulando. Por meio das percepções, as informações fluem de fora (realidade) para dentro (mente). À luz dessa visão, o crucial é ter acesso ao material empírico por meio de observações puras e neutras, isto é, a salvo de manipulações pessoais ou grupais.

Descobertas são novidades relativas a fatos, enquanto invenções são novidades relativas a teorias. Para o empirismo, só descobertas podem dar origem a efetivas e legítimas invenções. A visão empirista tradicional de conhecimento considera nossas percepções sensoriais como *dados* a partir dos quais as teorias têm de ser construídas por meio de algum processo de indução. Contra o indutivismo constata-se que não há dados — sensoriais ou perceptuais — autossubsistentes, isto é, que possam ser identificados sem o recurso a alguma teoria.

A despeito de o positivismo ter se tornado uma espécie de xingamento metodológico, já que historicamente foi confundido com o factualismo ingênuo, Auguste Comte foi um dos primeiros filósofos da ciência a reconhecer que a teoria cumpre papel vital na pesquisa. O questionamento da visão de que a ciência tem um pilar central — a observação pura e neutra da realidade —, que a distingue das outras modalidades de saber, foi apresentado como novidade no século XX. Ocorre, porém, que na obra de Comte há inúmeras passagens que se afastam de forma meridiana das teses observacionalistas. No *Curso de filosofia positiva*, ele afirma que "se, de um lado, toda teoria positiva deve necessariamente estribar-se em observações, por outro, é igualmente necessário que, para votar-se à observação, nosso espírito lance mão de uma teoria qualquer".

Reiterando a tese de Comte, Popper deixa de atribuir à observação a condição de base rochosa do conhecimento empírico. Em *Conjecturas e refutações* enfatiza que a ciência deve começar não com a coleta de dados e a criação de experimentos, e sim com a discussão crítica dos mitos. Hoje, poucos contestam a visão de que as observações cientificamente relevantes são teoricamente conduzidas. Por meio de registros observacionais podem ser reunidas evidências que despontam como favoráveis ou contrárias ao ponto de vista abraçado.

Como a ninguém é dado o dom de *ver* tudo, as observações resultam de escolhas e seleções. O pesquisador, na maior parte do tempo, é ativo, toma iniciativa — não é um receptáculo passivo. Admitir que os fatos constituem a matéria-prima com a qual se elabora o conhecimento deve se fazer acompanhar do reconhecimento de que o fundamental é saber processá-los, extrair deles informações com as quais serão construídas as explicações. A ciência não tem como ser reduzida à função descritiva, já que o ápice da pesquisa é atingido com a análise e a interpretação do material empírico recolhido.

A linguagem científica pode ser dividida em observacional e teórica. A primeira compõe-se de termos que denotam, direta ou indiretamente, propriedades e relações observáveis. A segunda é constituída por termos que podem denotar eventos inobserváveis, aspectos ou características inobserváveis dos eventos. Não há como observar classe social, anomia, id, superego, elasticidade de demanda, átomo, elétron etc. E, no entanto, as teorias científicas estão repletas desses tipos de termo. Até que ponto são os termos teóricos definíveis com base na linguagem observacional e as sentenças teóricas traduzíveis para essa mesma linguagem?

Russell, em *Fundamentos de filosofia*, mostra que qualquer observação, por mais simples que seja, envolve inferência. Não é possível, por exemplo, observar a raiva. Notam-se expressões faciais, tons de voz, trejeitos corporais etc. Aceitar a tese de que observações são sempre feitas à luz de uma teoria implica reconhecer que, já no ponto de partida de qualquer pesquisa, elementos seletivos e interpretativos se fazem presentes. Se observações são sempre permeadas de teoria, o dado nunca existe em si, é sempre dado para determinada teoria. A fim de evitar uma possível circularidade viciosa entre a teoria e as observações feitas com base em suas lentes, a busca de evidência desfavorável deve ser priorizada em detrimento da coleta de casos confirmadores.

Se alguém recebe insistentemente a ordem "Observe" é levado, depois de algum tempo, a perguntar "O quê?". Isso mostra que quadros teóricos e opções valorativas são indispensáveis à especificação do que se vai verificar. No vasto conjunto dos possíveis observáveis é a teoria, em sentido lato, que vai especificar o que ficará no centro das atenções às expensas de todos os outros possíveis objetos de atenção. As observações mais instigantes costumam ser movidas por interesses, motivadas por problemas. Daí serem feitas, o mais das vezes, para confirmar ou corrigir expectativas.

No desenvolvimento da ciência, observações e experimentos desempenham antes de tudo o papel de argumentos críticos; sua relevância depende de poderem ou não ser utilizados para criticar (testar) teorias. Se as teorias não têm como ser logicamente derivadas das observações, podem, contudo, conflitar com elas. Isso significa que se pode corretamente inferir a falsidade de uma teoria com base em evidência empírica.

O modelo de cima para baixo. Para o modelo *from the top down*, "de cima para baixo", as teorias são livremente criadas para depois serem submetidas ao implacável processo de avaliação empírica. Sua recomendação é: construa livremente conjecturas, em seguida deduza consequências e faça testes para aferir se são verdadeiras. Só a partir das hipóteses lançadas pode-se definir o tipo de observação a ser feita. Se não se conta com hipóteses, não se pode sequer saber para onde dirigir a atenção. As teorias científicas não são sínteses de observações, e sim conjecturas que se submetem ao crivo dos fatos e são eliminadas caso entrem em choque com eles. O que se vê não se confunde com o simples registro visual. Depende do conhecimento adquirido, de treinamento, de expectativas e de predisposições. A esse respeito o exemplo da radiografia é eloquente: o ver depende do saber. Onde o leigo nada vê, o especialista detecta o "normal" e o "patológico".

Com base na teoria do holofote, o pesquisador só sabe que tipo de observação fazer quando conta com hipóteses. Somente assim consegue definir para onde deve dirigir o olhar. É a hipótese que lidera o processo e conduz a novos resultados observacionais. Uma observação não tem valor em si mesma: sua importância reside em despontar como favorável ou contrária a um ponto de vista. Na opinião de Popper, diante de um cisne branco reagimos com a hipótese (criativa) de que todos os cisnes são brancos. Essa suposição é criativa porque ultrapassa largamente aquilo que vimos. Tentamos impô-la ao mundo até que se mostre insustentável. Se até de uma simples observação pode-se pular para conclusões, o fundamental é determinar, fazendo permanentes tentativas de refutação, se alguma das próximas observações não contrariará a conclusão tirada.

A tese da subdeterminação da teoria pelos fatos estabelece que não há como derivar uma e apenas uma teoria com base na evidência empírica disponível. De um mesmo conjunto de fatos podem resultar várias teorias igualmente defensáveis. Sendo assim, nenhuma teoria pode reivindicar o monopólio do acesso aos fatos. Já a tese da inseparabilidade decreta que tanto na mais simples atividade intelectual quanto na mais complexa o componente teórico e o observacional aparecem em inextricável associação. Para o holismo metodológico, as teorias científicas são totalidades indecomponíveis. Não há como discriminar, em suas teias explicativas, o conteúdo empírico do ingrediente interpretativo. A verdade é que o significado de uma observação é função de sua localização numa rede de hipóteses ou numa cadeia de inferências.

Nas ciências sociais é manifesta a influência das ideias e das ideologias sobre os atos de observação. No mundo da vida, os observáveis exigem mais que descrição e mensuração. O curso dos eventos históricos e as ideologias de determinada época podem influenciar o que se toma como dado. A forma como os objetos e eventos psicossociais são percebidos, descritos e medidos pode afetar o seu *ser*. Uma vez que os dados não "dizem" o que são sem que sejam devidamente interrogados, o crucial é adotar vários pontos de vista sobre eles. Os diversos ângulos permitem detectar neles as suas várias facetas e as suas múltiplas propriedades.

A ciência diante do desafio dos problemas. Uma das mais notáveis capacidades dos seres humanos é a de formular e resolver problemas. Tanto nas atividades mais corriqueiras quanto nas mais complexas práticas da pesquisa científica está sempre envolvida alguma técnica de resolução de problemas. A atividade científica não parte da observação ou experimento, e sim de problemas. E esses podem ser práticos ou gerados por uma teoria que começa a se mostrar falha. A ampliação do conhecimento se dá pela passagem de velhos problemas para novos.

Não há como fazer observações interessantes ou reunir evidência documentária sem que especifiquem problemas. Eles surgem quando nos desapontamos com nossas expectativas ou quando as teorias das quais nos valemos nos envolvem em dificuldades. Se, por um lado, a ciência tem início com problemas, por outro, observações — sobretudo se não confirmam o esperado, se se chocam com nossas expectativas — podem dar origem a um problema. A investigação científica se dedica, com base em métodos altamente especializados, à solução de problemas rigorosamente formulados. Para lidar com contextos problemáticos claramente delimitados, a pesquisa elabora, com inventividade, hipóteses e teorias tentativas.

O modelo de Popper pode ser assim esquematizado: $P^1 \rightarrow TT \rightarrow EE \rightarrow P^2$. P^1 é o problema original, o ponto de partida. TT é uma teoria tentativa, sujeita a se revelar parcial ou totalmente errônea, que busca uma solução para P^1. EE, o processo de eliminação de erros, que pode consistir de discussão crítica ou de testes experimentais. P^2 o novo problema. As falhas e insuficiências das hipóteses e teorias precisam ser devidamente identificadas para que sofram as necessárias correções ou sejam substituídas por alternativas superiores. É comum que o processo de eliminação de erros pelo qual passa a hipótese redunde na reformulação do problema ou na sua substituição por outro. Hipóteses e teorias devem ser permanentemente submetidas ao crivo da experiência. E avaliadas, em última análise, por sua capacidade de resolver problemas.

Em busca de explicações

As explicações científicas podem ser vistas como tendo a estrutura lógica de um argumento. Este consiste num conjunto de enunciados concatenados entre si de tal forma que o último (conclusão) é consequência dos anteriores (premissas). Há dois tipos de argumento: os dedutivos e os indutivos. Os dedutivos são caracterizados como válidos ou inválidos. Os indutivos são aqueles em que as conclusões despontam como mais ou menos prováveis à luz da evidência fornecida pelas premissas.

À diferença dos argumentos indutivos, os dedutivos não requerem nada além das premissas para que suas conclusões sejam aceitas com total segurança. Independem de informações novas e não estão sujeitos às eventuais variações registráveis no domínio das evidências empíricas relevantes. São válidos quando a conclusão procede das premissas, isto é, nos casos em que, sendo estas verdadeiras, a conclusão também o é. Quando o argumento é válido, as premissas (o antecedente) implicam logicamente a conclusão (o consequente). Consideram-se inválidos apenas quando as premissas são verdadeiras e a conclusão, falsa.

Quando se acredita que as ciências empíricas constroem suas teorias a partir da observação cuidadosa e minuciosa de casos particulares, dá-se importância crucial aos procedimentos de generalização típicos das formas indutivas de argumentação. Há argumentos que não têm como demonstrar a verdade de suas conclusões como consequências necessárias de suas premissas. Ambicionam apenas caracterizá-las como prováveis, ou provavelmente verdadeiras, a partir da evidência empírica disponível. Integram o campo das inferências não demonstrativas. A validade de um argumento dedutivo é uma questão de "tudo ou nada", ao passo que o suporte indutivo é sempre uma questão de grau diretamente relacionada à quantidade e à qualidade da evidência reunida. Como o suporte evidencial nunca é completo, cumpre procurar determinar sua capacidade — sempre relativa — de proporcionar sustentação à conclusão.

A despeito de o crescente acúmulo de evidência favorável ser fundamental, em termos psicológicos, para aumentar a confiança na conclusão, em termos epistemológicos jamais é decisivo a ponto de proporcionar uma justificação definitiva. Como existe a possibilidade de se encontrar evidência desfavorável à conclusão, é imperioso realizar mais e mais investigações. E isso impede a aceitação incondicional da conclusão alcançada. Os argumentos indutivos apresentam duas características fundamentais: 1) mesmo se as premissas são verdadeiras a conclusão pode ser falsa, já que as primeiras não implicam logicamente a segunda; isso quer dizer que se as premissas forem verdadeiras a conclusão será, quando muito, provavelmente verdadeira; 2) a informação veiculada na conclusão vai além da que se faz presente nas premissas. E esse *surplus* de informação torna a derivação da conclusão sempre arriscada.

Da observação de que A^1 é gás e se expande (premissa 1), A^2 é gás e se expande (premissa 2), A^n é gás e se expande (premissa n) pode-se indutivamente concluir que todos os gases se expandem. Como conclusões indutivas devem ser consideradas apenas prováveis — e como "P é provável" é compatível tanto com "P é verdadeiro" quanto com "P é falso" —, não inspiram a necessária confiança epistêmica.

Uma vez que nos argumentos indutivos as premissas proporcionam variável grau de sustentação à conclusão, é comum tentar-se quantificar essa "sustentação" ou se indicar, em termos probabilísticos, o tipo de suporte proporcionado.

Ciência: da descrição à explicação. Andando pela rua, subitamente alguém se distrai com um outdoor, tropeça numa saliência da calçada, cai e lanha o joelho. A busca de uma explicação adequada para o que aconteceu teria que fazer referência a uma ferida causada por uma queda provocada por um tropeção. Não haveria espaço para dúvida nem exigência de busca de fatos complementares. A certeza que esse tipo de explicação gera é básica e fundamental. Só que há fenômenos cuja complexidade não nos permite construir encadeamentos causais seguros. Há casos em que a explicação científica ambiciona construir crenças sobre o futuro com base no que foi possível constatar no passado e registrar no presente.

É comum, inclusive entre os filósofos, supor-se que a confecção de uma explicação corresponde a estabelecer nexos causais entre eventos ou fenômenos. É discutível, no entanto, que explicar seja equivalente a identificar causas. Sem falar que a natureza da causação é um dos mais espinhosos problemas filosóficos. Didaticamente falando, explicar um fenômeno é dar uma resposta à pergunta "por quê?". Numa pesquisa interessante não basta simplesmente descrever o que ocorre, é preciso priorizar a busca de respostas para os porquês. Tentar saber "por que determinado fenômeno acontece(u)" é procurar identificar as leis gerais e as condições antecedentes que esclarecem sua ocorrência.

A principal ambição da ciência é explicar para, quando possível, prever. Dois tipos de explicação são destacados em filosofia da ciência: o modelo nomológico-dedutivo e o estatístico-indutivo. Ambos têm a mesma estrutura argumentativa: suas premissas contêm condições iniciais [C], e generalizações tipo-lei [L]. Em cada uma, a conclusão é o evento E a ser explicado:

$$\begin{array}{l} C^1, C^2, C^3, \ldots C^n \\ L^1, L^2, L^3, \ldots L^n \\ \hline E \end{array}$$

A diferença fundamental entre os dois modelos é que as leis numa explicação nomológico-dedutiva são generalizações universais, ao passo que numa explicação estatístico-indutiva têm a forma de generalizações estatísticas. O ideal é estabelecer relações dedutivas entre premissas e conclusão, já que isso maximiza o poder preditivo da explicação. Não sendo possível, o pesquisador deve se contentar com o estabelecimento de relações estatísticas ou probabilísticas entre *o que explica* e *o que é explicado*. O que não se deve esquecer é que a adição de novas informações pode arruinar a explicação.

Na busca de uma explicação para determinado fato ou acontecimento, o ideal seria simplesmente subsumi-lo a uma lei. E esta a uma lei mais geral e abrangente, e esta última a uma outra ainda mais geral e abrangente, e assim sucessivamente. Não sendo isso possível, o pesquisador pode se ver obrigado a se satisfazer com o uso explanatório da estatística. Independentemente de como as concebamos, explicações demandam o emprego de generalizações. Pode-se chegar ao topo das teorias de forma gradualista, como sugerido pelo modelo "de baixo para cima", ou a partir de generalizações livremente criadas, submetendo-as a implacáveis tentativas de refutação, como propugna o modelo de "cima para baixo". Quando se transita de "alguns" para "todos", de um presente conhecido para um futuro previsto, de certos dados finitos, constatados, para leis que procuram abranger o que acontecerá e até o que poderia acontecer, faz-se uso do modelo indutivo.

A construção de explicações segundo o modelo indutivista. As mais importantes teorias do conhecimento sempre se depararam com dificuldades especiais quando enfrentaram o espinhoso problema de como deve se dar, de modo justificado, a passagem do solo da experiência ao céu da teoria. O desafio reside em promover a transição justificada de enunciados singulares — ancorados na observação — para enunciados universais que vão além do que foi constatado. Tudo está em saber que formas de generalização são confiáveis. Mesmo porque o que extrapola indevidamente o observado carece de sustentação epistêmica. Desde Aristóteles, a teoria do conhecimento vem enfrentando a problemática de justificar generalizações em que os casos examinados não constituem todos os casos possíveis.

Não há como negar que explicar fatos é ir além deles. W.C. Kneale, em "A demarcação da ciência", assinala que "justamente porque as leis são logicamente mais fortes que quaisquer conjuntos de fatos empiricamente conhecidos, elas são as verdades que mais avidamente tentamos descobrir". Se uma coisa de um certo tipo A tem aparecido associada a uma outra de um certo tipo B, e jamais tem sido encontrada dissociada de uma coisa do tipo B, quanto maior o número de casos em que A e B têm ocorrido interligados, maior a probabilidade de que aparecerão juntos num novo caso em que um deles estiver presente.

Mas o que se pode legitimamente inferir da repetição? Sob as mesmas circunstâncias, um número expressivo de casos de associação tornará a possibilidade de uma nova associação altamente provável. Se todos os A's encontrados têm sido B, o enunciado "Todos os A's são B" constitui mera sinopse do que a realidade tem exibido? Ou será que revela algo mais que uma simples experiência repetitiva que não autoriza a projeção para A's desconhecidos?

As definições de indução propostas por J.S. Mill em *Um sistema de lógica* se escoram no princípio da uniformidade do curso da natureza. Ocorre, porém, que o pressuposto da uniformidade só pode ser estabelecido de forma indutiva. O que gera uma circularidade viciosa. Sem falar que aquilo que desponta como uma uniformidade pode deixar de sê-lo a qualquer momento. A indução se baseia na inferência que enseja a passagem de enunciados singulares, que veiculam descrições dos resultados de observações ou experimentos, para enunciados universais que, em muitos casos, se confundem com hipóteses ou teorias. Como cada enunciado singular se refere a uma ocorrência particular num lugar e tempo específicos, e os enunciados gerais se reportam a *todos* os eventos de um certo tipo em todos os lugares e tempos, a dificuldade reside em como operar a transição do "particular para o geral" sem correr o sério risco de cometer a falácia da distribuição ilícita. O desafio é justificar asserções de universalidade irrestrita, que constituem a parte vital das teorias, com base em evidência circunscrita a um número limitado de enunciados observacionais. É sempre temerário concluir que o que é verdadeiro para certos indivíduos de uma classe o é para toda a classe. Não há como estabelecer a verdade de proposições em que o predicado é afirmado ou negado de um número ilimitado de indivíduos.

A indução por enumeração simples — se um grande número de P's tem sido observado, numa grande variedade de situações, e se todos os P's observados tinham a propriedade Q, então se passa a afirmar, sem a devida cautela, que todos os P's têm a propriedade Q — vem sendo criticada desde Francis Bacon. O principal defeito desse método é não reconhecer que a força da instância negativa ou contraditória é maior. Uma exceção ou instância negativa, que se manifesta quando se verifica a existência de um P desacompanhado de Q, pode a qualquer momento ser encontrada.

A fim de contornar os riscos envolvidos nas inferências indutivas, é comum recorrer-se a técnicas estatístico-probabilísticas. Em *Ciência e hipótese*, Poincaré assim argumenta: o método das ciências físicas, que se baseia na indução, leva-nos a esperar a recorrência de um fenômeno quando se reproduzem as circunstâncias que lhe deram origem. É claro que, se todas as circunstâncias pudessem simultaneamente repetir-se, esse princípio poderia ser aplicado sem temor; mas isso jamais ocorre. Algumas das condições estarão sempre ausentes. Já que não podemos ter certeza de que não são importantes, não há como deixar de atribuir papel fundamental à noção de probabilidade nas ciências físicas.

Como a informação veiculada na conclusão sempre vai além da que se faz presente nas premissas e como estas podem ser verdadeiras e a conclusão, falsa, o perigo da generalização indevida sempre existe. Numa explicação de tipo probabilístico, as premissas explicativas não implicam logicamente seu *explicandum*. Isso significa que o argumento não mostra que, assumindo-se a verdade dos enunciados arrolados no *explanans*, o fenômeno descrito pelo *explanandum* deveria ser esperado "com certeza". Embora as premissas sejam insuficientes para garantir a verdade do *explicandum*, têm força para torná-lo provável. Observe-se, contudo, que a probabilidade de uma generalização universal ser verdadeira é um número finito (o conjunto de casos passados e presentes conhecidos) dividido por um número infinito (o conjunto potencialmente infinito dos casos possíveis) cujo resultado se mantém zero por mais que se acumulem evidências.

Para Hume, não há fundamento para a crença, pressuposta nas inferências indutivas, de que o futuro será como o passado. Carece de base o raciocínio que transita de exemplos (repetidos) dos quais temos experiência para outros (conclusões) dos quais não temos experiência. Esse tipo de inferência admite, segundo ele, uma explicação de natureza psicossocial, mas não uma justificação epistemológica. Hume atribui à força do hábito a tendência geral e arraigada a acreditar que os casos dos quais não se tem experiência serão iguais àqueles, similares, dos quais se tem experiência.

Quando não se pode contar com uma lei estritamente universal, não há como explicar eventos singulares, apenas classes de eventos, isto é, o comportamento de populações inteiras. A afirmativa "o antibiótico tem o poder de curar quase todos os casos de doença venérea" não permite enquadrar com certeza o caso específico de determinado paciente. Só como parte de uma explicação de tipo probabilístico pode-se saber se pertence à classe dos que obtêm cura, a maioria, ou à dos que não a obtêm. O problema é que, quanto mais um enunciado assevera, menos provável é. A probabilidade lógica de uma asserção P com base na evidência E diminui quando o conteúdo informativo de P aumenta. Hipóteses com diminuto teor informativo costumam se revelar desinteressantes. Por isso Popper é de opinião que o cientista deve procurar lançar hipóteses ousadas, isto é, com elevado conteúdo empírico. Deve dizer mais, mesmo que isso signifique correr mais riscos.

O modelo hipotético-dedutivo de explicação. Pelas dificuldades de fundamentação teórica que a indução enfrenta, alguns filósofos têm defendido sua total substituição por modelos estritamente dedutivos. Entre eles se destacam Jean Laplace, William Whewell, Karl Popper, Carl Hempel e Ernest Nagel. Apresentado como alternativa segura ao indutivismo, o modelo hipotético-dedutivo propõe que uma explicação científica seja construída de tal forma, que promova a dedução de um *explanandum* a partir de certas premissas denominadas *explanans*. O *explanandum* é o enunciado que descreve o fato que se pretende elucidar. O *explanans* constitui-se dos enunciados que vão prover a explicação do fato em questão.

Tome-se, à guisa de exemplificação, um fato para o qual se busca explicação: a aparição de um camundongo morto junto à geladeira. A que atribuir o infausto acontecimento? Caso desejemos encontrar as razões para esse fato, devemos formular explicações conjecturais ou hipotéticas. O comum, quando se está em busca de explicação, é tentar identificar o fato que teria causado a ocorrência que se está investigando — no caso, o triste fim do roedor. Pode-se conjeturar que morreu de causa natural, que esbarrou em fio desencapado embaixo da geladeira e outras hipóteses ainda mais imaginativas. Um levantamento cuidadoso do que pode ter acontecido — investigações no local, perguntas aos moradores da casa — leva à informação de que na noite anterior uma isca de queijo envenenado fora colocada sob a geladeira.

Normalmente, um fato é considerado sobejamente explicado quando se consegue identificar o fato anterior que o causou. No caso em tela, o leigo se daria por satisfeito se lhe fosse dito que o rato morreu por ter ingerido queijo envenenado. Só que, em ciência, a explicação — a fundamentada passagem de um *explicandum* para um *explicans* — só é completa quando se pode contar com uma lei geral ou uma hipótese universal. Para o exemplo em questão poderia ser: "Todo camundongo que ingere dose superior a 3mg do veneno de tipo letalx morre em fração de minutos."

Construir uma explicação nomológico-dedutiva para um evento específico equivale a deduzir o enunciado que o descreve a partir de dois tipos de premissa: leis universais e enunciados singulares, denominados *condições iniciais*. Com a identificação da condição inicial de que o roedor comeu o queijo envenenado, e com o recurso à lei geral, fica cabalmente explicado o triste fim do camundongo. Para o modelo em pauta, subsiste uma identidade estrutural, ou uma perfeita simetria, entre explicação e predição no sentido de que todo padrão explicativo é potencialmente preditivo, e toda predição pressupõe um esquema explicativo. Explicamos e prevemos recorrendo às mesmas leis e condições iniciais. O que varia é o tempo em que fazemos referência a essas leis e condições iniciais.

Se o evento final (o *explanandum*) pode ser derivado das condições iniciais e da lei universal, então ele poderia igualmente ser predito — antes de realmente acontecer — a partir do conhecimento das condições determinantes antecedentes e das leis gerais. Quando se trata de elaborar uma explicação, sabe-se que o evento final ocorreu e que o que está em jogo é buscar as condições determinantes que o precipitaram. Com a predição, inverte-se a situação: as condições iniciais estão identificadas, a lei geral aplicável ao caso já está formulada, e a tarefa é procurar antecipar o que vai acontecer. Caso suceda o que foi previsto, a explicação é corroborada (em algum grau). Do contrário, é refutada.

Se F é dado — o que indica que sabemos que o fenômeno descrito por F ocorreu — e o pesquisador consegue elaborar um adequado *explanans* para o fenômeno em questão, então trata-se de uma explicação. Se, ao contrário, está o pesquisador de posse do *explanans*, e F é derivado antes mesmo que o fenômeno que descreve aconteça, temos uma predição. O procedimento de teste consiste em derivar do *explicans* uma predição P para compará-la com uma situação observável. Se a predição não concordar com a situação observada, fica demonstrada a falsidade do *explicans*. Quando isso ocorre, temos, num primeiro momento, dificuldade em determinar se a falha é da lei universal ou se é falso o(s) enunciado(s) que descreve(m) as condições iniciais.

As ciências dos fatos pré-interpretados

As ciências sociais abrigam uma considerável variedade de escolas e linhas de pensamento. Há controvérsias a respeito de essa variedade ser a causa ou o efeito do debate metodológico endêmico. O fato é que as polêmicas são recorrentes. A falta de acordo quanto aos procedimentos metodológicos mínimos que conferem cientificidade à pesquisa psicossocial gera disputas que se têm revelado insuperáveis. Em muitos casos as divergências não se limitam a *como* explicar. Estendem-se até *ao que* explicar. Em *Ciência e método*, Poincaré observa: "Cada tese sociológica propõe um método novo ... o que faz com que a sociologia seja a ciência com o maior número de métodos e o menor número de resultados."

As divergências quanto *ao que* explicar trazem para primeiro plano a questão ontológica. Em torno de que tipo de ente deve gravitar o estudo dos fenômenos psicossociais? Dos indivíduos, das partes, ou dos coletivos e dos todos? As diferenças entre as escolas são em boa parte creditáveis ao que cada uma escolhe como unidade de análise. Optar por indivíduos, grupos, classes sociais, processos, estruturas ou totalidades conduz à elaboração de enfoques bastante distintos. A longeva querela relativa a se o todo se explica pela soma das partes ou se o todo é mais que a soma das partes promove a adoção de modelos metodológicos contrastantes. Conferir vida própria ao todo demanda a utilização de técnicas especiais de pesquisa, muito diferentes das que se vinculam aos modelos verificacionista e refutacionista de cientificidade.

A atribuição de vida própria a entidades e agências que transcendem o campo das ações e comportamentos individuais envolve o risco da substancialização e animização dos coletivos. Reduzindo os indivíduos a marionetes do sistema e a fantoches da história, alguns autores transformam coletivos — especialmente classes sociais — em superentidades, superagentes, que pensam, têm projetos e tomam decisões. Os pífios resultados alcançados pelos modelos holistas põem em dúvida a possibilidade de se formularem metodologias confiáveis para lidar com todos. A adoção de um dos modos tradicionais de se conceber a cientificidade condena a pesquisa a lidar com partes, fenômenos circunscritos, conjuntos integrados e totalidades setoriais. O fato é que não há como verificar ou tentar refutar o que se afirma sobre totalidades nebulosamente delimitadas.

Entre o individualismo atomista e o holismo substancializador subsiste uma posição intermediária, que reivindica a existência de propriedades emergentes. Há inegavelmente fatos novos que emergem das relações e da interação sistêmica das partes. As visões individualistas e holistas sobre os fatos psicossociais não se diferenciam apenas pela opção por distintos modelos epistemológicos, mas, também, por adotarem reconstruções ontológicas antagônicas da realidade social e por se escorarem em imagens distintas de homem e sociedade, eivadas de implicações ético-políticas.

As ciências sociais podem ser caracterizadas como *moral sciences* ou *Geisteswissenschaften* por lidarem com materiais impregnados de *significados*, permeados de valores e marcados por escolhas morais. Isso não as impede de envidarem esforços no sentido de serem ciências de generalização ou nomotéticas. Há, entretanto, quem espose a opinião de que o fato de terem um caráter ideográfico irredutível não permite que se lhes atribua *sic et simpliciter* essa identidade metodológica. É possível encará-las como dotadas tanto da capacidade de enunciar generalizações quanto da capacidade de apreender singularidades.

De Hobbes ao positivismo lógico, passando por Comte, muito se defendeu a tese da unidade do método científico. A metodologia científica seria a mesma, independentemente da natureza de seus objetos, para todas as disciplinas.

Como as disciplinas naturais não produzem teorias que tenham sua cientificidade contestada, o método científico é genericamente confundido com o conjunto de práticas e procedimentos que adotam. E por ser a física considerada ciência modelar, o naturalismo acaba por desembocar no fisicalismo: para ser ciência, uma disciplina precisa adotar a sintaxe da física.

Na ótica de Otto Neurath, em *Empirismo e sociologia*, a atividade de pesquisa se reduz a fazer predições sobre estados de coisas testáveis, já que só há uma única ciência empírica, que pode ser chamada de ciência unificada. São genuínos apenas os enunciados que versam sobre coisas espaço-temporais. O fisicalismo abarca a psicologia tanto quanto a história e a economia. Para Neurath, só há gestos, palavras, comportamento; não há "motivos", "ego", "personalidade" para além do que pode ser formulado de modo espaço-temporal. O fisicalismo é o desdobramento lógico inevitável da visão de que os complexos e sinuosos meandros da vida mental e social são cognoscíveis da mesma forma — pelo emprego do mesmo método — que o mundo natural.

O naturalismo acredita que o "atraso" das ciências sociais só será superado pela imitação das ciências naturais. Só que, para frustração de seus defensores, a aplicação dessa tese não gerou os resultados prometidos. Como demonstrou Pitirim Sorokin em *Modas e fraquezas na sociologia moderna e ciências afins*, mesmo as pesquisas que se pautaram pela agenda naturalista ficaram aquém do padrão de explicatividade e preditibilidade que os seus defensores imaginavam alcançar. Ademais, as polêmicas travadas ao longo do século XX tornaram patente que não é nada fácil determinar com exatidão a metodologia empregada por físicos, químicos, biólogos etc.

Observe-se, contudo, que a tese de que há dois tipos de ciência também não é simples de ser defendida. Sem saber exatamente o que faz o cientista natural, o pesquisador social enfrenta dificuldades para indicar exatamente em que o tipo de investigação que realiza é diferente. No caso de os fatos psicossociais possuírem peculiaridades, identificá-las está longe de ser tarefa fácil. As teorias sociais encaram problemas espinhosos para escolher o tratamento metodológico capaz de lidar com as singularidades e de satisfazer aos requisitos fundamentais da cientificidade. Alasdair MacIntyre observa, em "A ideia de uma ciência social", que, se questões sobre motivos e razões não são respondidas, generalizações causais não podem ser consideradas autênticas explicações em ciências sociais, visto que constituem fato adicional, também a necessitar de explicação.

A estrutura do ambiente social é, em boa parte, feita pelo homem. As instituições e tradições humanas não são obras nem de Deus ou da natureza, mas resultados de ações e decisões humanas. Isso não significa, porém, que foram deliberadamente projetadas. Só umas poucas o foram. Ter presente a "baixa consciência" e a "diminuta deliberação" do fazer humano é fundamental para entender aspectos essenciais da natureza da ação social.

Os fenômenos da vida mental e social são portadores de significatividade intrínseca. Por isso a, aplicação dos *spectator methods* sempre gerou resultados frustrantes. Em parte, o que os fenômenos sociais são é resultado de como são vistos. E, como podem ser diferentes do que são, é comum o pesquisador não se satisfazer com descrições e explicações. De modo tácito ou aberto, o cientista social costuma fazer *prescrições* a pretexto de corrigir falhas, superar deficiências e melhorar o que existe. Ao encontrar dificuldades para fazer predições confiáveis, tende a substituí-las por prescrições.

Muitos são os entraves nos quais esbarram os enfoques que tencionam a exibir objetividade e neutralidade lidando com fatos eivados de significatividade intrínseca e suscetíveis de manipulação ideológica. Por subsistir uma maior interação entre fatos e valores na pesquisa social, as aferições de cientificidade se tornam mais difíceis. Isso não impede, entretanto, que se desenvolvam estudos consistentes e bem fundamentados. O decisivo não é saber se pode existir uma ciência social *wertfrei*, livre de valores, e sim o que se deve fazer para conferir a máxima credibilidade metodológica possível aos resultados alcançados.

Diferentemente dos fenômenos naturais, as realidades psicológicas e sociais reagem às teorias que sobre elas são criadas. As profecias suicidas e as autorrealizáveis, tal qual identificadas por Merton, são exemplos eloquentes disso. Há ainda que levar em conta que os fatos da vida social estão sujeitos a mudanças evolucionárias, espontâneas, e transformações revolucionárias, induzidas.

As relações humanas desenrolam-se de forma tal que os agentes acabam construindo alguma forma de compreensão sobre o que são e o que fazem. É manifesta a facilidade com que as teorias psicossociais se transformam, independentemente de seu valor científico, em instrumentos de ação. Uma teoria psicológica não se limita a tentar explicar os comportamentos, apresenta também o potencial de gerar atitudes e, por via de consequência, o poder de afetar, ainda que involuntariamente, as ações dos que são "objetos" de estudo.

Fatos criam expectativas e expectativas desencadeiam fatos. Merece destaque a problemática das consequências não pretendidas das ações. Nas circunstâncias peculiares da vida social, poucas coisas acontecem conforme previstas. A maioria tem desdobramentos — indesejados e indesejáveis — que não puderam ser antevistos. Na maioria das vezes, as coisas não ocorrem exatamente como foram planejadas. Os desdobramentos involuntários, até do que foi cuidadosa e minuciosamente planejado, constituem importantes materiais para a pesquisa social.

É conhecida a contraposição entre explicação causal e compreensão empática. A autoconsciência, a comunicação simbólica e a agência moral demandam mais que explicação causal. Deixar de levá-las em conta quando emergem como traços distintivos dos fenômenos psicossociais permite que deles se alcance um entendimento, na melhor das hipóteses, parcial. A problemática do sentido (subjetivo) da ação merece destaque quando se pretende entender fatos relevantes na vida social. Por ocorrer a criação de significados nos processos de interação, são patentes as limitações metodológicas que a aplicação da explicação causal tem nas ciências sociais. A diferença fundamental entre uma bandeira e um pano pintado, entre um ato sexual normal e um estupro não é de natureza física. Reside na força dos símbolos e na atribuição de significados.

Robert Merton, em *Teoria social e estrutura social*, assinala que os homens não respondem apenas aos elementos objetivos de uma situação, mas também ao significado que essa situação tem para eles. E que o sentido atribuído a uma situação pode ser o gerador de um comportamento. Sendo esse o caso, surge o problema espinhoso de como *razões* ou *significados* podem se transformar em *causas*. O comportamento conduzido por regras é diferente dos "fatos" submetidos à determinação causal.

A autocompreensão desponta como traço distintivo de algumas modalidades de fenômenos sociais. Por lidar com fatos pré-interpretados, o pesquisador precisa entrar em intercâmbio comunicativo com o que estuda. Se não o faz, pode estar adotando um enfoque objetivista que o levará a obter resultados desimportantes. Em vez de se ver elaborando enunciados sobre estados de coisas, o cientista social precisa ter consciência de que desenvolve um tipo especial de teoria formada por enunciados que se reportam a outros enunciados, os formulados por aqueles que fazem parte da "situação" estudada.

Se é fundamental levar em consideração as ideias que os agentes formam sobre si mesmos e as injunções contextuais a que estão submetidos, então os modelos de explicação tradicionais, calcados na dedução e na indução, tendem a se mostrar insuficientes ou inadequados. Se as teorias psicossociais são uma espécie de compreensão da compreensão, o cientista não tem como se limitar a inventariar fatos. Confronta-se o tempo todo com a necessidade de estabelecer um diálogo com o que estuda. Em virtude de os objetos de sua investigação conterem *significados*, compreensões de si mesmos, muito se parecem com um texto a desafiar o entendimento. Daí a dificuldade de as teorias serem submetidas aos crivos das concepções verificacionista e refutacionista de cientificidade.

Em *As regras do método sociológico*, Émile Durkheim observa que os homens não esperaram o advento da ciência social para formar ideias sobre o direito, a moral, a família, o Estado e a própria sociedade. Não poderiam passar sem elas para viver. Mas, para resguardar o objetivismo metodológico, Durkheim, em *A ciência social e a ação*, afirma que essas explicações subjetivas não têm valor, já que os homens não captam os verdadeiros motivos que os fazem agir. Em sua opinião, a vida social deve ser explicada, não por meio da concepção que dela fazem aqueles que dela participam, mas pelas causas profundas que escapam à consciência. Ocorre, porém, que até para tentar identificar as causas profundas é fundamental conhecer as razões que os agentes invocam para o que pensam e fazem.

Há dificuldades especiais envolvidas na aplicação do conhecimento gerado às realidades psicossociais estudadas. É sempre forte a possibilidade de instrumentalização política do (suposto) conhecimento produzido. Inclusive porque algumas teorias encontram grande facilidade em manipular ideologicamente certos fatos e em se fazer passar imerecidamente por conhecimento. Não há técnica de pesquisa que possa afastar completamente esses riscos. O intercâmbio crítico entre as óticas intelectuais talvez seja a forma mais eficiente de evitar a assunção irrefletida de posicionamentos políticos sobre fatos da vida psicossocial.

Referências e fontes

• Nas epígrafes reporto-me à obra de Karl Popper *All Life is Problem Solving* (trad. Patrick Camiller, Londres, Routledge, 1999) e à de Pierre Duhem *La théorie physique: Son objet, sa structure* (Paris, Vrin, 1981).

• p.16: O livro de Hans Reichenbach é *The Rise of Scientific Philosophy* (University of California Press, 1954).

• p.17: Cito *The Scientific Outlook* (Londres, George Allen & Unwin, 1949), de Bertrand Russell [Ed. bras.: *A perspectiva científica*. São Paulo, Companhia Editora Nacional.] Russell é citado também à p.44, com *An Outline of Philosophy* (Londres, George Allen & Unwin, 1956).

• p.17 e 32: Faço referência ao *Novum organum* (Chicago, Encyclopaedia Britannica, 1955) de Francis Bacon. [Ed. bras.: na coleção Os Pensadores, no volume dedicado a Bacon. São Paulo, Abril Cultural.]

• p.19: O livro de Arthur Koestler chama-se *The Act of Creation* (Londres, Hutchinson, 1964).

• p.22: Há duas obras de Isaac Newton referidas nessa página: *Optics* e *Mathematical Principles of Natural Philosophy*, ambas publicadas pela Encyclopaedia Britannica (Chicago, 1952). E ainda nessa página faço referência à obra de Karl Pearson *The Grammar of Science* (Nova York, The Meridian Library, 1957) e à de Henri Poincaré *La science et l'hypothèse* (Paris, Flammarion, 1917 [Ed. bras. *Ciência e hipótese*. Brasília, UnB]).

• p.25: O título original do livro de A.J. Ayer é *Language, Truth and Logic* (Middlesex, Penguin Books, 1974).

• p.34: Faço referência a três textos de Thomas Kuhn: "Reflections on my critics" (in I. Lakatos & A. Musgrave (orgs.) *Criticism and the Growth of Knowledge*. Cambridge UP, 1976), *Essential Tension* (The University of Chicago Press, 1977) e *The Structure of Scientific Revolutions* (Chicago, The University of Chicago Press, 1970, Foundations of the Unity of Science, vol.II. [Ed. bras.: *A estrutura das revoluções científicas*. São Paulo, Perspectiva]).

• p.42: O livro de Auguste Comte é *Cours de philosophie positive* (Paris, Schleicher Frères Editeurs, 1908).

• p.43: Karl Popper, *Conjectures and Refutations: The Growth of Scientific Knowledge* (Londres, Routledge/Kegan Paul, 1989. Ed. bras.: *Conjecturas e refutações*. Brasília, UnB]).

• p.54: O artigo de W.C. Kneale é "The demarcation of science", in *The Philosophy of Karl Popper* (La Salle, The Open Court Publishing, 1974). Na mesma página, o título original do clássico de J.S. Mill é *A System of Logic* (Londres, Longman, Green and Co., 1949). Parte do livro foi traduzida para o português na coleção Os Pensadores, no volume dedicado a Bentham e Mill (São Paulo, Abril Cultural).

• p.55: Menciono o *Science et méthode*, de Poincaré (Paris, Flammarion, 1912), citado também à p.60-1.

• p.63: A coletânea de textos de Otto Neurath, organizada por M. Neurath & R. Cohen, é intitulada *Empiricism and Sociology* (Boston, D. Reidel, 1973). Na mesma página, a obra de Pitirim Sorokin é *Fads and Foibles in Modern Sociology and Related Sciences* (Chicago, Henry Regnery, 1956). O artigo de Alasdair MacIntyre tem por título original "The idea of a social science" e encontra-se publicado em A. Ryan (org.), *The Philosophy of Social Explanation* (Oxford, Oxford UP, 1976).

• p.67: O livro de Robert Merton chama-se *Social Theory and Social Structure* (Nova York, The Free Press, 1968).

• p.68: Os textos de Émile Durkheim são *Les régles de la méthode sociologique* (Paris, PUF, 1967. [Ed. bras.: *As regras do método*. São Paulo, Martins Fontes, 2001]) e *La science sociale et l'action* (Paris, PUF, 1970).

Leituras recomendadas

Ao leitor que se interessar em aprofundar seus estudos em filosofia da ciência sugerimos que parta do *Novum organum* de Francis Bacon e das obras de Descartes *Discurso do método* (São Paulo, Abril Cultural, coleção Os Pensadores). A elas poderão se seguir as leituras de *An Inquiry Concerning Human Understanding*, de David Hume [Ed. bras.: *Investigação sobre o entendimento humano*. São Paulo, Unesp, 1999], e *A System of Logic*, de John Stuart Mill.

Sobre a filosofia da ciência desenvolvida pelo empirismo lógico recomendamos a excelente coletânea *Logical Positivism*, organizada por Alfred J. Ayer, e a seleção de textos publicada na coleção Os Pensadores, nos volumes dedicados a Karl Popper, Schlick, Rudolf Carnap. A reação crítica de Popper às teses do neopositivismo pode ser encontrada principalmente em *Logik der Forschung* [Ed. bras.: *A lógica da pesquisa científica*. São Paulo, Cultrix]; *Conjectures and Refutations* [Ed.bras.: *Conjecturas e refutações*. Brasília, UnB]; *Objective Knowledge* [Ed.bras.: *Conhecimento objetivo*. Belo Horizonte, Itatiaia]; e *Realism and the Aim of Science*.

Algumas das mais importantes restrições feitas às metaciências propostas pelo empirismo lógico e pelo racionalismo crítico aparecem modelarmente expostas nas obras de

Thomas Kuhn, com especial destaque para *The Structure of Scientific Revolutions* e *The Essential Tension*, ambas mencionadas na seção anterior. O *Against Method*, de Paul Feyerabend [Ed.bras.: *Contra o método*. Rio de Janeiro, Francisco Alves], é um texto provocativo que defende, contra todo tipo de normativismo epistemológico, o anarquismo. Igualmente importantes são seus artigos "Problems of empiricism" e "How to be a good empiricist".

Imre Lakatos é um autor que também merece atenção especial. Indicamos especialmente seu texto "Falsification and the methodology of scientific research programmes", veiculado em *Criticism and the Growth of Knowledge*, mencionado na seção anterior.

Com essas recomendações, acreditamos que o leitor possa formar uma visão panorâmica dos grandes debates que têm ocorrido no âmbito da filosofia da ciência. É claro que há centenas de outras obras que também mereceriam ser indicadas com efusão, sem falar dos autores mais recentes — como, por exemplo, Hacking, Laudan, Van Frassen, Boyd — que muito têm contribuído para o avanço do conhecimento filosófico sobre a ciência. Por fim, sugiro a quem desejar acompanhar minha visão crítica sobre os temas abordados neste livro que leia meus trabalhos *Ciência e ideologia* e *Ciência e sociedade: Do consenso à revolução*, ambos publicados pela Edipucrs, de Porto Alegre.

Sobre o autor

Alberto Oliva é professor do Departamento de Filosofia da Universidade Federal do Rio de Janeiro (UFRJ), coordenador do Centro de Epistemologia e História da Ciência dessa mesma instituição e pesquisador do CNPq. Tradutor de várias obras de filosofia, é autor de diversos livros, entre eles *Entre o dogmatismo arrogante e o desespero cético* (IL-RJ), *Conhecimento e liberdade: individualismo x coletivismo* (Edipucrs, 2ª ed.), *Ciência e ideologia* (Edipucrs), *Ciência e sociedade. Do consenso à revolução* (Edipucrs), *A solidão da cidadania* (Editora Senac), *Racional ou social. A autonomia da razão científica questionada* (Edipucrs), *Filosofia da ciência* (Zahar) e *Anarquismo e conhecimento* (Zahar), e coautor de *Pré-socráticos. A invenção da filosofia* (Papirus).

Coleção **PASSO-A-PASSO**

Volumes recentes:

CIÊNCIAS SOCIAIS PASSO-A-PASSO

O negócio do social [40], Joana Angélica Barbosa Garcia

Origens da linguagem [41], Bruna Franchetto e Yonne Leite

Antropologia da criança [57], Clarice Cohn

Patrimônio histórico e cultural [66], Pedro Paulo Funari e Sandra de Cássia Araújo Pelegrini

Antropologia e imagem [68], Andréa Barbosa e Edgar T. da Cunha

Antropologia da política [79], Karina Kuschnir

Sociabilidade urbana [80], Heitor Frúgoli Jr.

Pesquisando em arquivos [82], Celso Castro

Cinema, televisão e história [86], Mônica Almeida Kornis

FILOSOFIA PASSO-A-PASSO

Estética [63], Kathrin H. Rosenfield

Filosofia da natureza [67], Márcia Gonçalves

Hume [69], Leonardo S. Porto

Hannah Arendt [73], Adriano Correia

Schelling [74], Leonardo Alves Vieira

Niilismo [77], Rossano Pecoraro

Kierkegaard [78], Jorge Miranda de Almeida e Alvaro L.M. Valls

Filosofia da biologia [81], Karla Chediak

Ontologia [83], Susana de Castro

John Stuart Mill & a liberdade [84], Mauro Cardoso Simões

Filosofia da história [88], Rossano Pecoraro

Teoria do conhecimento [91], Alberto Oliva

PSICANÁLISE PASSO-A-PASSO

Psicanálise com crianças [75], Teresinha Costa

Feminino/masculino [76], Maria Cristina Poli

Cinema, imagem e psicanálise [85], Tania Rivera

Trauma [87], Ana Maria Rudge

Édipo [89], Teresinha Costa

A psicose [90], Andréa M.C. Guerra

A angústia [92], Sonia Leite

Educação e psicanálise [93], Rinaldo Voltolini

Os outros em Lacan [94], Antonio Quinet

A paixão [95], Marcus André Vieira

Histeria: o caso Dora [96], Nadiá Paulo Ferreira e Marcus Alexandre Motta